Dieses Buch gehört

Liebe Eltern,

wir wollen Ihr Kind beim Lesenlernen unterstützen, und zwar mit spannenden und lustigen Geschichten.

Unsere Bücher mit der liebenswerten Bildermaus begleiten Ihren Sohn oder Ihre Tochter durch die Vorschule. Sie enthalten kurze Geschichten mit einfachen Sätzen sowie großer und leicht lesbarer Schrift. Hauptwörter werden durch kleine Bilder ersetzt. Lesen Sie die Geschichten vor und lassen Sie Ihr Kind die Bilder selbst benennen. Am Ende finden Sie eine Bild-Wörterliste mit den einzelnen Bedeutungen. Viele bunte Illustrationen sorgen außerdem für Lesepausen und helfen, die Geschichte zu verstehen.

So wird der Spaß am Lesen geweckt, und Ihr Kind wird ganz nebenbei von der Bildermaus zum echten Leselöwen!

Ihre
Bildermaus

Ann-Katrin Heger

Schwimmen lernen
ist ganz leicht

Illustriert von Anna-Lena Kühler

www.bildermaus.de

FSC
www.fsc.org
MIX
Papier aus ver-
antwortungsvollen
Quellen
FSC® C109273

ISBN 978-3-7432-0694-6
1. Auflage 2020
© 2020 Loewe Verlag GmbH, Bindlach
Umschlag- und Innenillustrationen: Anna-Lena Kühler
Umschlaggestaltung: Kathrin Tobian
Vignetten Bildermaus: Angelika Stubner
Reihenlogo nach einem Entwurf von Angelika Stubner
Printed in the EU

www.loewe-verlag.de

Inhalt

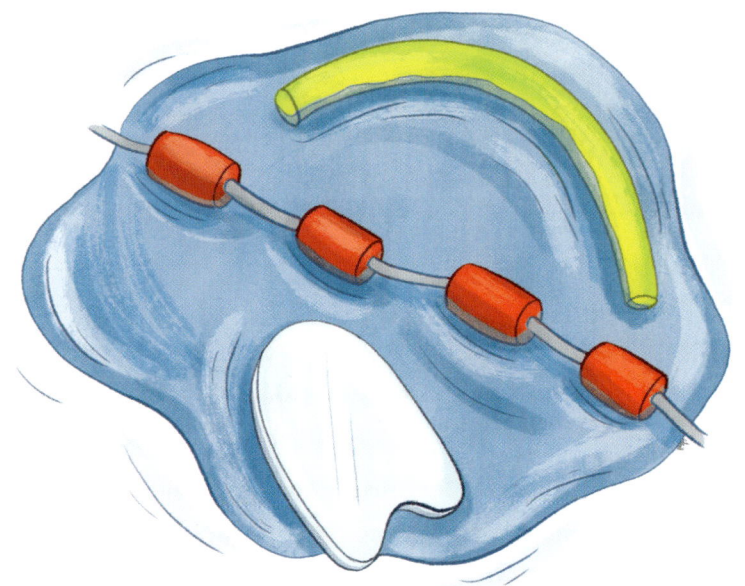

Endlich Schwimmschule!

Emma schnappt sich die große

und steckt ihren  mit der ,

ihre  und ihre  hinein.

Es kann losgehen. Endlich darf

sie richtig schwimmen lernen und

das  machen. „Fertig?", fragt

Mama. Emma nickt.

Mit dem   sausen sie den

hinunter bis zum . Als

sie an der  stehen, schnuppert

Emma und grinst. „Ich kann

das   schon riechen!"

Schnell zieht sie ihre  in

der  aus und sperrt sie in

einen  . Mama wartet vor

der  auf sie. Plötzlich hört

Emma jemanden weinen. Sie

guckt um die  .

Dort steht Erik von nebenan und

klammert sich an die  seines

Papas. Seine ist rot und

knubbelig wie eine und

dicke kullern seine

herunter.

„Ich mag nicht ins  ", schluchzt

er. „Da weiß ich nicht, wo der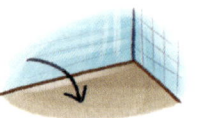

ist." Emma nimmt ihn an die .

„Jetzt gehen wir erst einmal unter

die  und lassen die

auf uns prasseln."

Erik hört auf zu weinen und lächelt.

„Gut, da kann ich wenigstens

meine  sehen", sagt er.

Emma und Erik laufen immer

im ◯ durch das 〰️.

Da macht eine junge  die

auf. „Emma? Erik? Kommt mit

zum  . Jetzt wird geblubbert."

Fische und Wasserstampfer

„Ich bin Laura", sagt die . „Setzt

euch auf die ." Mit Erik und

Emma sind sie sechs . Mama

sitzt auf einem und winkt

Emma zu. Emma winkt zurück und

strahlt. Laura hat einen an,

auf dem eine vorn drauf ist.

Und die  sieht beinahe so aus

wie die auf ihrem . Toll!

„Jetzt stampft mal mit den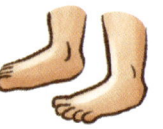

kräftig ins ", fordert Laura

die  auf. Emma lacht. „Das

gibt riesige !"

16

„Gut gemacht", sagt Laura. „Jetzt

krabbelt ihr wie  am

entlang. Die  dürft ihr dabei

an die  drücken." – „Aber ich

habe gar keine  an", wispert

Erik ängstlich.

„Deine  brauchst du auch

nicht", beruhigt Laura ihn. „Halte

dich einfach am  fest."

Alle  hangeln sich nacheinander

ins  . „Und jetzt blubbern wir."

Laura beugt die  und macht

mit ihrem 👄 lustige 🫧. Das

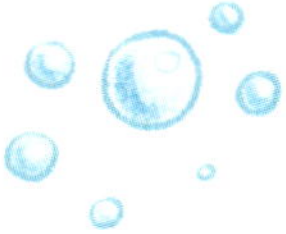

kann Emma auch. „Blubberdiblubb."

Das kitzelt lustig am 👄!

„Sehr gut", lobt Laura.

„Jetzt zeige ich euch, wie ein

die 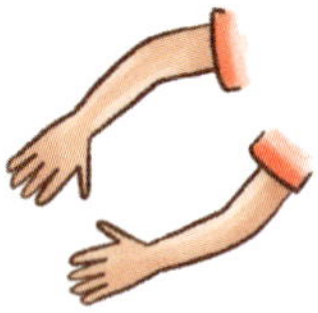  und ![Beine] bewegt. Legt

die 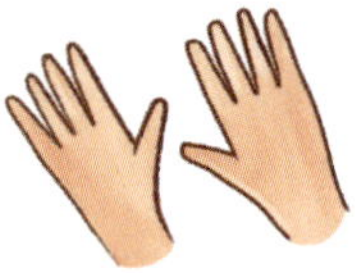 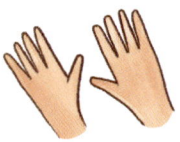 aufeinander und streckt

die ![Arm] nach oben. Dann nehmt

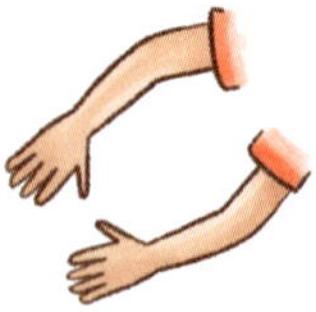

ihr die 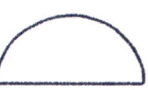 auseinander und führt

sie in einem ![Bogen] nach unten."

„Puh, das ist gar nicht leicht",

denkt Emma. Sie fühlt sich eher

wie ein , nicht wie ein  .

Manchmal kommt sie komplett

durcheinander. Wie blöd!

„Das macht nichts. Im  ist

es einfacher. Da üben wir die ."

Laura holt 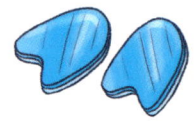 und .

Damit geht es leichter.

Emma schwimmt. Sie zieht die

an und macht dann einen .

So kommt sie im 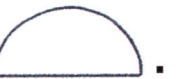 gut voran.

Erik ist sogar noch schneller.

„Quak", macht er, als er sie

überholt.

„He, ich dachte, du magst

nicht", lacht sie. „Da war ich ja

auch noch kein !", antwortet

er prustend.

Der Ritter auf dem Seepferdchen

Emma und Erik sehen sich nun oft

im  . Sie schwimmen

bald wie die  , nur tauchen

mag Erik noch nicht. „Jetzt springen

wir vom  ins  ", bittet

Laura sie heute. Aber Erik schüttelt

den  .

„Nein, ich will nicht springen. Dazu

bringen mich keine zehn  ."

Emma überlegt. Sie nimmt sich

eine  , klemmt sie zwischen

die  und reitet zu ihm.

„Aber vielleicht ein wildes !",

sagt sie fröhlich und treibt Erik aus

dem  . Alle müssen lachen.

Auch Erik. Jetzt steht er zwar

am 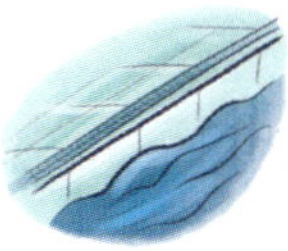 , aber er traut sich

immer noch nicht.

Seine  sind weich wie .

Emma zieht ihre   ab und

gibt sie Erik. Damit er unter

die  offen lassen kann.

Außerdem lässt Laura sich ins

gleiten und hält eine  unter

ihn. „Spring hier drauf. Dann taucht

dein  nicht unter."

Nun leuchten Eriks 👁 👁 . Er guckt

zu Emma und … springt. Mitten auf

die ⌒. Er grinst stolz und reitet

auf der ⌒ zu den 📚 zurück.

„Erik, der 🛡 auf dem 🦑", ruft

Emma und klatscht.

Das Seepferdchen-Abzeichen

„Ich bin so aufgeregt", flüstert

Emma und zeigt auf eine , die

um ihren → baumelt. Ein

hängt daran. „Ein  von meiner

großen Schwester", erklärt sie Erik.

„Hoffentlich schwimme ich damit

auch wie ein ."

„Wie ein  reicht schon", kichert

Erik. „Aber mir geht es genauso:

Mein →  fühlt sich an, als würde

ein  darin tanzen." Laura

begrüßt die Kinder. „Heute könnt

ihr alle das 🐴 machen", sagt sie.

Dann hält sie das niedliche

orangefarbene  nach oben.

Emma will es später unbedingt auf

ihren  nähen. Hoffentlich

klappt alles.

Laura erklärt: „Für das  müsst

ihr eine ganze 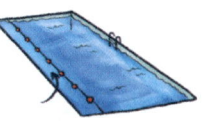 schwimmen,

vom  springen und einen

vom 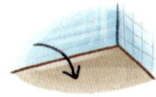 heraufholen!" Emma und

Erik schwimmen nebeneinander.

Erst fällt es Emma ganz leicht.

Ihre 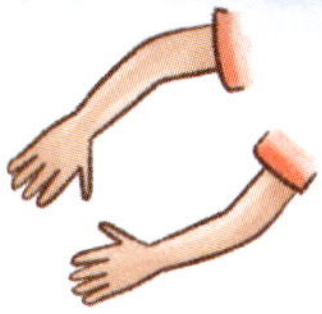  und   gleiten rasch

durchs ⚬. Doch als sie zum

gegenüberliegenden guckt,

ist der noch so weit weg. Ach du

dicke 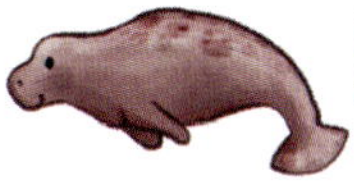 ! Das schafft sie nie!

Sie vergisst, die 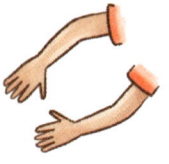 zu bewegen

und schluckt . Dann paddelt

sie panisch wie ein . „Ruhig,

mein ", hört Emma Mama

am . „Immer an den

denken!"

36

Und da erinnern sich Emmas  und   plötzlich und sie macht

weiter bis zum . Dort

wartet Erik. Geschafft! Vom

springen beide, ohne mit der

zu zucken.

Es platscht. Sogar Mama bekommt

ein paar  ab. Zuletzt kommen

die  dran. Emma wählt den

roten . Sie atmet tief ein und

schwupps! ist ihr  unter .

Kurz danach taucht sie auf und hält

einen 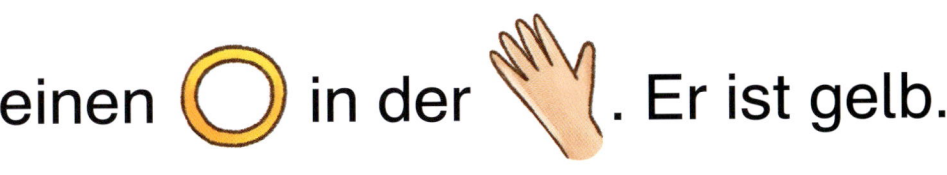 in der . Er ist gelb.

„Ach du lieber . Jetzt habe

ich Eriks 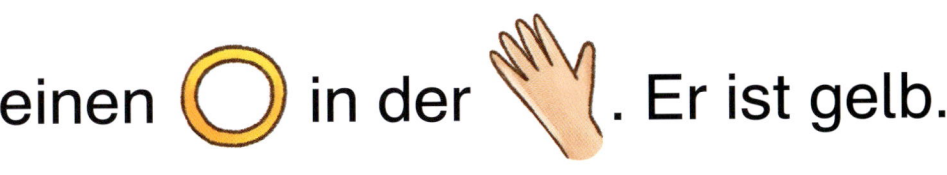!" Erik taucht neben

ihr auf. Stolz zeigt er den roten .

„Und ich habe deinen !" Sie

grinsen. „Und wir *beide* haben nun

das 🐠 bestanden. Hurra!"

Die Wörter zu den Bildern:

 Tasche

 Schwimmbad

 Badeanzug

 Kasse

 Nixe

 Wasser

 Badeschuhe

 Kleider

 Schwimmbrille

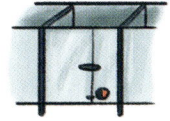 Umkleide-kabine

 Seepferdchen

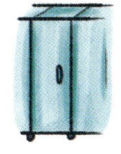 Schrank

 Fahrrad

 Dusche

 Berg

 Ecke

 Hand

 Frau

 Kirsche

 Tür

 Tränen

 Beckenrand

 Wangen

 Stufen

 Boden

 Kinder

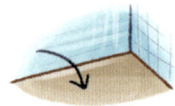 Tropfen

 Liegestuhl

 Füße

 Taucheranzug

 Kreis

 Wellen

 Käfer

 Fliesen

 Hampelmann

 Schwimm-flügel

 Schwimm-bretter

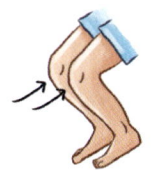 Knie

 Schwimm-gürtel

 Mund

 Fische

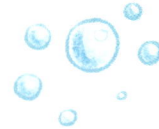 Blasen

 Kopf

 Frosch

 Pferde

 Arme

 Schwimm-nudel

 Beine

 Wackelpudding

 Halbkreis

 Augen

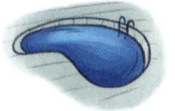 Becken

 Ring

 Ritter

 Seekuh

 Kette

 Hund

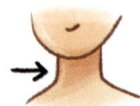 Hals

 Herz

 Delfin

 Wimper

 Geschenk

 Schwan

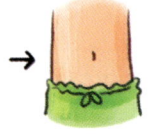 Bauch

 Kugelfisch

 Bahn

Ann-Katrin Heger arbeitete viele Jahre als Redakteurin in verschiedenen Kinder- und Jugendbuchverlagen, bevor sie sich als Autorin selbstständig machte. Sie lebt mit Mann, Kindern, Kater und Büchern in Fürth.

Anna-Lena Kühler studierte in Wiesbaden Kommunikationsdesign mit dem Schwerpunkt Illustration. Seitdem zeichnet sie freiberuflich für Verlage im In- und Ausland. Sie lebt mit Mann, Kindern und Katzen im kleinen Örtchen Eltville am Rhein.